AF340097

INVENTAIRE

X 2193/

DE LA

MÉTHODE COMPARATIVE

APPLIQUÉE

A L'ÉTUDE DES LANGUES

LEÇON D'OUVERTURE

DU COURS DE GRAMMAIRE COMPARÉE

AU COLLÉGE DE FRANCE

PAR

M. MICHEL BRÉAL

CHARGÉ DE CE COURS

PARIS

LIBRAIRIE GERMER BAILLIÈRE

17, RUE DE L'ÉCOLE-DE-MÉDECINE, 17

[library stamp]
[library seal: BIBLIOTHÈQUE]

DE LA
MÉTHODE COMPARATIVE

APPLIQUÉE

A L'ÉTUDE DES LANGUES

LEÇON D'OUVERTURE

DU COURS DE GRAMMAIRE COMPARÉE

AU COLLÉGE DE FRANCE

PAR

M. MICHEL BRÉAL

CHARGÉ DE CE COURS

––––––––

PARIS

LIBRAIRIE GERMER BAILLIÈRE

17, RUE DE L'ÉCOLE-DE-MÉDECINE, 17

1864

Extrait de la Revue des cours littéraires

DE LA

MÉTHODE COMPARATIVE

APPLIQUÉE

A L'ÉTUDE DES LANGUES

Au début de ces leçons de grammaire comparée, je sens tout le poids de la responsabilité qui repose sur moi. Vous auriez voulu, et autant que personne j'aurais désiré, que cet important et difficile enseignement fût introduit au Collége de France par l'éminent indianiste que les suffrages du Collége avaient proposé en première ligne. M. Adolphe Regnier était le représentant naturel d'une science qu'il a fait avancer par de remarquables travaux. En apportant dans ses leçons les qualités qui distinguent ses ouvrages, une méthode exacte et rigoureuse, une rare pénétration d'esprit, des vues larges et élevées, M. Regnier aurait fondé un enseignement que nous pouvions opposer sans crainte aux chaires de philologie comparée, dont l'Allemagne et l'Angleterre sont justement orgueilleuses. Personne, mieux que lui, ne pouvait naturaliser parmi nous une science qui, pour nous agréer, a besoin de beaucoup de rectitude et de réserve, et qui, sans rien perdre de ses vertus natives, doit contracter le ton et adopter les allures de l'érudition française. M. Regnier a cru ne pouvoir déférer au vœu spontanément exprimé par le Collége. A son défaut, je viens vous apporter la promesse de mon dévouement à des études qui ont été et qui seront à l'avenir le travail constant de ma vie. J'essayerai de mériter votre indulgence, de justifier le vote des professeurs et de répondre au choix du Ministre, en consacrant tous mes efforts à la tâche honorable qui m'a été confiée.

Nouvelle au Collége de France, la chaire de grammaire comparée ne date pourtant pas d'aujourd'hui. Elle a été instituée, il y a douze ans, à la Faculté des lettres, et M. Hase, qui en fut alors chargé, a terminé par cet enseignement sa vie longue et bien remplie de savant et de professeur. Par son éducation littéraire, M. Hase appartenait à l'école des Heyne et des Villoison, et il avait depuis longtemps marqué sa place à leurs côtés, quand les premiers résultats de la linguistique arrivèrent à sa connaissance. Mais il ne conçut pas contre la science nouvelle les sentiments de hauteur ou de dédain qui se sont fait jour chez quelques philologues étrangers. La bienveillance de son caractère, non moins que la largeur de son esprit, le préservèrent de cette faiblesse. Tout en continuant de se vouer de préférence aux travaux qui avaient assuré sa renommée, il suivit avec attention les progrès de la grammaire comparée. Lorsque, en 1852, il fut chargé de cet enseignement, il y apporta sa connaissance profonde des idiomes classiques. Quant à la méthode comparative, elle lui était familière, au moins par un de ses côtés, car il l'appliquait en maître aux diverses époques de la langue grecque. Quand M. Hase, soit dans sa belle édition du *Thesaurus*, soit dans son cours, retraçait l'histoire d'un mot grec et le suivait, à travers toutes ses transformations, depuis Homère jusqu'aux écrivains byzantins ou jusqu'aux chants populaires de la Grèce moderne, il faisait pour la langue hellénique ce que la grammaire comparée essaye de faire pour l'ensemble de la famille indo-européenne. Nous l'avons vu, pendant douze ans, et presque jusqu'à la dernière heure, parcourir d'un pas lent, mais sûr, le cercle de son enseignement, mêlant à ses leçons des digressions qu'il savait toujours rendre instructives, et semant sur son chemin les trésors d'une érudition exacte, curieuse et attrayante.

Cependant je ne voudrais pas affirmer que le cours de M. Hase répondît exactement à l'idée qu'on peut se faire, d'après les grands travaux de ce siècle, d'un cours de grammaire comparée. Ce qui caractérise cette science nouvelle, c'est moins encore le nombre des idiomes qui forment la matière des observations que la méthode qui préside aux rapprochements et la direction générale des recherches. De tout temps on a comparé le latin au grec, et les langues anciennes aux langues modernes; mais le goût avait plus de part à ces comparaisons que la rigueur scientifique, et les observations, qui pouvaient être justes, n'étaient ni assez approfondies, ni assez enchaînées entre elles. Quand on relit aujourd'hui le livre ingénieux où le président de Brosses exposait ses vues sur l'origine du langage, ou le mémoire, d'ailleurs si remarquable, que Fréret a composé sur la parenté des langues de l'Europe, on éprouve la même impression que doit ressentir le géologue ou le physiologiste, en se reportant aux théories hypothétiques ou aux classifications superficielles du dernier siècle. Ce n'était pas la sagacité ni le savoir qui manquaient à de Brosses et à Fréret; il leur manquait deux choses : un terme de comparaison pour classer les faits qu'ils avaient observés, et un instrument de précision pour rendre les observations plus sûres et plus complètes. La découverte du sanscrit vint fournir l'un et l'autre.

Comment un idiome asiatique, dont les Grecs et les Romains ont ignoré jusqu'au nom, nous a-t-il pu mieux renseigner sur la structure des langues de la Grèce et de

l'Italie que ne l'avaient su faire ceux qui autrefois par-
laient ces langues, et qui en avaient fait un examen appro-
fondi? D'où vient que la découverte du sanscrit a marqué
une ère nouvelle dans les études de linguistique, et
qu'elle n'a pas rendu moins de services aux savants qui
s'occupent des idiomes germaniques, slaves ou celtiques,
qu'à ceux qui veulent se rendre compte de la formation
du grec et du latin? Il importe de répondre à ces questions, car le rôle du sanscrit dans les recherches grammaticales a donné lieu à de nombreux malentendus.
D'excellents esprits ont pu penser qu'une langue, en apparence si éloignée de nous, était un objet de stérile
curiosité, ou qu'instructive et intéressante par elle-
même, cette étude devait rester réservée aux seuls orien-
talistes; ou bien encore, tout en reconnaissant le rapport
qui unit le sanscrit aux idiomes de l'Europe, on s'est
trompé sur la nature de ce rapport, et l'on n'a pas toujours compris de quel genre est le secours que les recherches grammaticales doivent tirer de la langue de l'Inde. Je
voudrais, au début de ces leçons, définir la méthode comparative, et montrer pourquoi le sanscrit, interrogé à
propos, apporte la lumière et l'ordre dans l'étude des
langues de l'Europe. C'est là, je le sais, un sujet quelque
peu aride, et les usages de cette maison m'autorisaient à
vous présenter, pour commencer, des vues plus géné-
rales et un thème moins didactique. Mais je crois que
dans un cours de grammaire comparée, la méthode est
la première chose qu'il faut mettre en lumière. Une
fois que vous aurez approuvé le principe de notre
science, vous accueillerez plus volontiers les résultats
auxquels elle conduit. Nous ne sommes pas ennemis en
France de ce qui est nouveau ; mais les voies mal défi-
nies nous répugnent, et l'obscurité, en toutes choses,
nous est odieuse.

Pour faire l'épreuve d'une méthode, il est bon de la

mettre à l'œuvre sur un terrain qui soit très-connu. Le groupe indo-européen comprend un vaste ensemble d'idiomes ; outre le sanscrit, le grec et le latin, il contient les dialectes de la Perse, de l'Arménie et du Caucase, le celte, ainsi que les langues germaniques et slaves. Mais je ne ferai pas défiler sous vos yeux une armée aussi bigarrée. Une pareille revue nous procurerait probablement plus de fatigue que d'instruction, et notre regard, éparpillé sur trop d'objets à la fois, finirait par ne plus rien distinguer. Ce serait une erreur de croire que l'intérêt et le profit de ces recherches soient en raison du nombre des idiomes comparés : tout dépend de la netteté et de la rigueur des observations. Il vaut donc mieux nous restreindre aux langues classiques ; ce que nous aurons dit des rapports qui unissent le sanscrit, le grec et le latin, nous pourrons l'étendre quelque jour aux autres idiomes de la famille.

Quand les fondateurs de la Société asiatique de Calcutta, commençant à s'enquérir du passé de l'Inde, entreprirent l'étude du sanscrit, ils furent étonnés de la ressemblance frappante qui existait entre le vocabulaire de cette langue et celui des langues anciennes de l'Europe. Ce qui augmenta la surprise, c'est que la similitude était d'autant plus parfaite, que les idées exprimées étaient plus simples : les mêmes mots, en sanscrit, en grec et en latin, servaient à désigner la parenté, les membres du corps humain, les animaux domestiques, les nombres, toutes ces notions qui ont dû fournir les premiers mots de chaque langue, et qui excluent l'hypothèse d'un emprunt. Les ressemblances ne se bornaient pas au vocabulaire : elles s'étendaient à la partie la plus intime de la langue, à l'organisme grammatical. On retrouva en sanscrit les mêmes moyens de dérivation et de composition qu'en latin et en grec ; les mêmes suffixes pour marquer le comparatif et le superlatif; les mêmes désinences pour indiquer les cas, les nombres, les temps, les voix et les modes. On remarqua aussi qu'en général les mots paraissaient plus intacts, les flexions plus pleines et plus régulières en sanscrit que dans les langues classiques, qui semblaient avoir subi en bien des endroits des altérations et des contractions. L'affinité était indubitable; mais il était plus facile de la constater que de l'expliquer. La première supposition qui se présenta fut que les Hindous étaient les ancêtres des peuples de l'Europe, et que le sanscrit était la langue mère du grec et du latin. Mais un examen plus attentif montra que cette hypothèse n'était pas fondée : bien qu'en général le sanscrit nous donne des formes plus archaïques que le latin ou le grec, on trouva pourtant un certain nombre de points où il est surpassé en fidélité par les langues classiques. Elles ont gardé un petit nombre d'anciennes formes qui manquent en sanscrit; elles se sont préservées de quelques altérations dont fut atteint de bonne heure le système phonique de la langue indienne. C'est tantôt l'un, tantôt l'autre de ces idiomes qui présente un état de conservation plus parfait. Le même raisonnement qui avait fait reconnaître depuis longtemps que le latin ne pouvait en aucune façon être regardé comme une langue dérivée du grec, dut faire admettre que ni le grec ni le latin n'étaient dérivés du sanscrit. On reconnut (et c'est le principe qui sert encore aujourd'hui de fondement à la grammaire comparée) que le sanscrit n'est pas la souche qui a porté nos langues de l'Europe, mais qu'il est une branche sortie de la même tige.

On commença donc à rapprocher le sanscrit du grec et du latin, et l'on s'aperçut aussitôt qu'une comparaison de ce genre reposait sur un principe plus stable, et donnait des résultats plus sûrs, que la grammaire grecque et latine, telle qu'elle avait été cultivée jusqu'alors. Ce qui a toujours empêché l'étude comparative du grec et du latin de donner tout le fruit qu'on en attendait, c'est qu'elle pouvait bien relever des différences de forme et constater des divergences grammaticales ; mais, une fois qu'elle avait mis en présence les deux langues qu'elle comparait, il lui était impossible de distinguer avec certitude ce qui était original et primitif de ce qui était nouveau et altéré. Quelle est, de *septem* ou de ἕπτα, de τέσσαρες ou de *quatuor*, de *sum* ou de εἰμι, la forme la mieux conservée ? Les désinences latines en *bam* et en *bo*, qui servent à marquer l'imparfait et le futur, dans *amabam*, par exemple, et dans *amabo*, et qui n'ont pas d'analogues en grec, sont-elles anciennes ou nouvelles ? Le supin latin est-il une forme de création récente, appartenant spécialement à la langue de l'Italie, ou est-ce une forme primitive que le grec a perdue ? Sans sortir du grec, quel est le dialecte le plus ancien ? ἵπποιο renferme-t-il un allongement, ou bien ἵππου une contraction ? A ces questions et à cent autres de même nature, la grammaire gréco-latine ne pouvait rien répondre, ou ne répondait que par des hypothèses. Elle se trouvait en présence d'un problème qui était insoluble avec les seules données qu'elle possédait.

Je suppose que nous ayons conservé d'un ancien auteur latin, de Plaute, par exemple, des manuscrits assez nombreux, mais tous de même famille, tous plus ou moins altérés, mutilés et interpolés. Les variantes de ces manuscrits, qui nous serviront bien à reconnaître que le texte est corrompu, ne nous aideront que médiocrement à le restituer. Mais qu'un bon et ancien exemplaire de Plaute, d'une récension différente, le palimpseste de la bibliothèque Ambrosienne, par exemple, vienne à être retrouvé : non-seulement je comprendrai mieux l'écrivain et j'aurai une idée plus nette du texte primitif, mais

les variantes des autres manuscrits s'expliqueront d'elles-
mêmes, les mutilations, les interpolations paraîtront au
jour, ainsi que le principe qui a présidé à ces altérations.
Grâce au guide que nous [aurons trouvé, nous serons en
mesure de contrôler nos manuscrits, qui, à leur tour,
pourront nous servir à vérifier et à corriger dans ses dé-
fectuosités le texte nouvellement découvert.

Telle est la nature du secours que le sanscrit est venu
nous apporter. Il fut le terme de comparaison que la
philologie classique avait vainement cherché jusque-là.
Comme l'époque où le sanscrit s'est détaché de la souche
indo-européenne est évidemment plus reculée que celle
où le latin a commencé à se distinguer du grec, et à plus
forte raison, que celle où le grec s'est divisé en dialectes,
tous les doutes devaient cesser, quand le sanscrit venait
confirmer l'authenticité d'une forme ou l'ancienneté
d'une loi.

En rapprochant de *septem* et de ἕπτα le nom de nombre
sanscrit *saptan*, de τέσσαρες et de *quatuor*, le pluriel *cat-*
vâras (quatre), de *sum* et de εἴμι la première personne
asmi, on vit, au premier coup d'œil, de quel côté étaient
les altérations les plus fortes et de quelle façon ces altérations s'étaient produites. En observant que les supins
latins, comme *statum, datum, notum*, correspondent, dans
la langue de l'Inde, à des infinitifs comme *sthâtum, dâtum,*
jnâtum, on reconnut que le supin est une forme ancienne,
et l'on vit du même coup quelle en est la valeur origi-
naire : c'est un infinitif, ou, pour mieux dire, un nom ver-
bal, très-voisin, par sa formation, des substantifs comme
interitus, raptus, cursus. Un coup d'œil jeté sur la conjugaison sanscrite fit constater que la désinence de l'imparfait *amabam* et celle du futur *amabo* sont de création
nouvelle, et un examen attentif prouva que ces terminai-
sons *bam, bo*, proviennent d'un verbe auxiliaire, le même
qui se retrouve dans l'anglais *to be*, et dans l'allemand

ich bin, du bist. La question si longtemps controversée des dialectes grecs reçut enfin sa solution, car on vit que tous contenaient des formes anciennes à côté de formes plus ou moins altérées. Entre les génitifs ἵπποιο et ἵππου, il n'y eut plus d'hésitation possible pour savoir lequel des deux était le plus intact : ἵπποιο, qui lui-même est pour ἵπποσιο, correspond aux génitifs sanscrits en *asya*, comme *açvosya;* l'ι, en tombant, amena le rapprochement des deux ο : ἵπποο, et cette dernière forme se contracta en ἵππου. Jusque-là les faits de la grammaire classique, connus en eux-mêmes, présentaient autant d'énigmes quand on voulait en saisir le rapport. Ils ressemblaient à une histoire dont nous saurions les événements pris un à un, mais où l'enchaînement serait nul et où toutes les dates nous échapperaient. Un témoin inattendu vint du fond de l'Orient trancher des débats séculaires, introduire dans l'histoire des langues une chronologie au moins relative, mettre chaque fait à sa place, et fournir ce critérium incontestable sans lequel aucune science ne peut avancer.

Il y a un moyen indirect, mais frappant, de montrer le service que la découverte du sanscrit a rendu aux études grammaticales : c'est de faire, en quelque sorte, la contre-épreuve, et de voir où était arrivée la philologie classique, réduite à ses seules forces, au commencement de ce siècle et dans un ouvrage capital d'un de ses plus illustres représentants. Gottfried Hermann était un esprit de beaucoup de hardiesse et de vigueur : il avait reconnu les lacunes et les défauts de l'enseignement grammatical de son temps, et il se proposa d'y remédier, non par la méthode comparative, encore inconnue, mais par tous les moyens qui étaient à sa disposition, par une analyse plus approfondie des dialectes, par un examen critique des grammairiens anciens et par le contrôle de la philosophie. Son traité sur la réforme de la grammaire grecque, rempli de vues spirituelles, est encore aujourd'hui d'un haut intérêt.

Mais que faut-il penser quand Gottfried Hermann considère l'ablatif comme un cas de création récente que le grec n'a jamais connu, dont les Latins ont été privés dans les premiers temps, et qu'ils ont imaginé pour éviter des équivoques et pour débarrasser leur datif du trop grand nombre d'emplois dont il était chargé? Bornant à ce sixième cas l'étendue possible de la déclinaison, l'auteur démontre, par des arguments tirés de la nature de l'esprit humain, qu'il ne saurait y avoir de langue possédant une déclinaison plus complète. Au moment où il publiait son livre, les premières grammaires sanscrites arrivaient en Europe, et l'on y pouvait voir que la langue de l'Inde a huit cas, en dépit des raisons déduites de la philosophie de Kant. L'analyse comparative devait prouver plus tard que l'ablatif latin est identique avec l'ablatif sanscrit, et que les adverbes grecs en ως, comme οὕτως, πρώτως, καλῶς, ne sont autre chose que d'anciens ablatifs semblables par la forme aux ablatifs archaïques latins, comme *gnaivod, cad, suprad*.

En même temps que la connaissance du sanscrit mettait de l'ordre dans les faits grammaticaux, elle avait encore pour résultat d'augmenter singulièrement la précision des observations. La langue de l'Inde est d'une rare transparence, grâce à son antiquité et au travail d'une longue suite de grammairiens, les plus ingénieux et les plus subtils qui aient jamais été. Quand on rapproche un mot grec ou latin du mot sanscrit correspondant, on s'aperçoit aussitôt que le sens étymologique devient plus clair, et que les formes grammaticales prennent plus de relief et de netteté. Comme si nos yeux s'étaient armés du microscope, des syllabes entières, dont nous voyions à peine la trace, reparaissent dans leur intégrité; les éléments constitutifs du mot se découvrent à la vue, et l'on distingue clairement les soudures qui se sont opérées entre la racine, le suffixe et la désinence. Nous ne sommes pas obligés de recourir en sanscrit, pour décomposer les mots, à une dissection violente : les diverses parties qui ont servi à les former se détachent d'elles-mêmes, et nous constatons sans peine la valeur et le rôle de chacune des pièces qui ont concouru à former l'ensemble. Ce n'est donc pas un médiocre avantage pour le philologue de consulter la langue sanscrite avant de se prononcer sur l'origine ou sur le sens des termes ou des formes en grec et en latin. Au lieu d'user sa vue sur des monnaies dont la légende est effacée et l'effigie douteuse, il a devant lui la médaille presque à fleur de coin, avec son inscription encore lisible et son empreinte encore fraîche.

Je voudrais, par quelques exemples, montrer le degré de précision que le sanscrit est venu ajouter aux recherches grammaticales. Le secours qu'il apporte, en bien des rencontres, à l'étude des langues classiques, est comparable à celui que nous tirons du latin pour l'étude du français. En effet, quoiqu'il ne puisse être question d'un rapport de filiation directe, l'état de conservation du sanscrit est si parfait, qu'il fournit souvent les mêmes renseignements que s'il était la langue mère du grec et du latin.

Pour reconnaître, par exemple, comment se sont formés les futurs français, comme *je porterai, je servirai,* nous consultons les autres langues romanes et la basse latinité, qui nous apprennent que *je porterai* est pour *ego portare habeo, je servirai* pour *ego servire habeo.* Cette syllabe *ai* qui termine notre futur n'est autre chose que le présent de l'auxiliaire *avoir.* Dans certaines langues novolatines, l'union de l'infinitif et de l'auxiliaire n'est pas encore complète. Ainsi en espagnol, *je le ferai* se dit *hacer lo he,* c'est-à-dire *facere illud habeo,* et en provençal, *je vous dirai* se rend par *dir vos ai* ; *nous vous dirons*, par *dri vos em*. Saint-Augustin, dans un de ses *Sermons au peuple*, dit en parlant du règne de Dieu : *Petant aut non petant venire habet*. « Qu'on l'appelle, ou qu'on ne l'appelle point, il viendra. » En présence de ces faits, il ne peut y avoir de doute sur l'origine de notre futur. Mais comment distinguerai-je la composition des futurs grecs, comme καλέσω, « j'appellerai », φιλήσω, « j'aimerai », λύσω, « je délierai », μενῶ, « je resterai », si je ne consulte pas une langue qui remplisse à l'égard du grec le même office que le latin à l'égard du français, et qui me mette sur la voie de l'origine de cette lettre σ, que le grec, ne pouvant l'expliquer, appelle la figurative du futur ? Nous voyons qu'en sanscrit le verbe εἶμι correspond à un verbe *asmi*, dont la racine est *as* ; cette syllabe *as* est devenue *es* en latin et en grec, ainsi que l'attestent l'infinitif *esse*, la troisième personne *est*, en grec, ἐστί, le futur ἔσομαι. C'est précisément la racine du verbe εἶμι, devenu verbe auxiliaire, que nous trouvons plus ou moins contractée ou mutilée dans les futurs comme καλ-έσ-ω, φιλ-ήσ-ω pour φιλι-έσ-ω, λύ-σω pour λυ-έσ-ω, μεν-ῶ pour μεν-ί-ω, qui lui-même est pour μεν-έσ-ω. De même que le futur français s'est formé par l'adjonction de l'auxiliaire *avoir*, le futur grec a pris l'auxiliaire *être*, et il n'y a d'autre différence entre les deux langues que celle qui provient en grec d'une soudure plus intime.

On rencontre en français beaucoup de mots déclassés, c'est-à-dire sortis de la catégorie grammaticale à laquelle ils appartenaient dans le principe, et de forme tellement effacée, qu'il serait impossible, sans le secours du latin, de reconnaître l'empreinte dont ils avaient été autrefois marqués par la grammaire. Ainsi le mot *viande* est pour nous un substantif féminin singulier ; mais il représente en réalité un participe pluriel neutre, formé du verbe *vivere* : *vivenda*. *Viande* voulait dire anciennement et signifie encore au xviie siècle ce qu'il faut pour vivre, et nous voyons en effet que, chez nos vieux écrivains, il est employé dans le sens général de « provision, nourriture ». « Sa viande estoit un peu de poirée », dit l'auteur de la *Vie d'Isabelle*, sœur de saint Louis. « On ne pouvoit mie assez trouver viandes aux hommes et aux chevaux », rapporte la Chronique de Saint-Denis. Des déclassements analogues se rencontrent dans les langues anciennes. Ainsi, aux yeux des Latins, le mot *femina* était un substantif; mais, en réalité, il est un participe formé de la même manière que les participes grecs en μενος, μενη, μενον. *Femina* vient d'une racine *fe*, qui veut dire « allaiter, nourrir », et qui a donné, entre autres dérivés, *fetus, fecundus, felix*. Le sens propre de *femina* est «celle qui allaite ». On retrouve en sanscrit, employée comme verbe, cette racine qui ne subsiste en latin que dans ses dérivés et dans ce participe détaché du verbe qui a disparu.

La méthode comparative, on le voit, emploie les mêmes procédés, et elle n'est pas moins utile, qu'il s'agisse de débrouiller les origines du français à l'aide du latin, ou d'éclairer le grec et le latin en les rapprochant du sanscrit. Mais cette étude des langues, si intéressante par elle-même, a en outre des applications nombreuses et fécondes. Permettez-moi d'en rappeler quelques-unes.

Quand la grammaire comparée n'aurait pour résultat que de rendre les grammaires ordinaires plus logiques et plus simples, il faudrait déjà la tenir en haute estime. Quel est l'écolier dont le bon sens n'ait protesté intérieurement, quand son rudiment, après lui avoir expliqué qu'on répond par l'ablatif à la question *ubi*, ajoute que, dans telle et telle circonstance, on y répond par le génitif; qu'on dit bien, par exemple, avec l'ablatif : *Natus est Parisiis*, mais qu'il faut dire avec le génitif: *Natus est Lutetiæ?* Le désarroi de notre élève deviendra encore plus grand, lorsque, arrivant à la même règle en grec, on lui apprendra que c'est par le datif que, dans cette langue, on répond à la question de lieu. La grammaire comparée met fin à ces contradictions et à ces incertitudes ; elle nous apprend que le grec et le latin ont possédé anciennement un cas qu'on appelle locatif, dont le rôle était d'exprimer l'emplacement où l'on est, et dont le caractère distinctif était la désinence *i*. Ce cas a subsisté pour les noms de ville de la première et de la deuxième déclinaison latine ; il existe encore en grec dans les noms, comme Σαλαμῖνι, et nous le retrouvons en latin dans des formes isolées, comme *domi, ruri*. La grammaire traditionnelle dicte ses prescriptions comme les décrets d'une volonté aussi impénétrable que décousue : la philologie comparée fait glisser dans ces ténèbres un rayon de bon sens, et, au lieu d'une docilité machinale, elle demande à l'enfant une obéissance raisonnable.

Mais notre science n'éclaire pas seulement la structure grammaticale des langues classiques ; elle nous permet d'en mieux apprécier les qualités, et, par ce côté, elle touche de près à la critique littéraire. De même qu'après avoir voyagé à l'étranger nous apercevons plus nettement les traits distinctifs de la nation dont nous faisons partie, le meilleur moyen de constater ce qui appartient en propre à un idiome, c'est de le comparer à la langue d'où il est sorti ou à celles dont il s'est anciennement séparé. Le grec et le latin ne sont pas la simple continuation de l'idiome primitif de la race indo-européenne : ils ont innové sur beaucoup de points ; ils ont acquis des facultés nouvelles, et le génie de ces races si bien douées se révéla d'abord dans leur langue, qui fut la première de leurs œuvres d'art. Mais comment distinguerons-nous les qualités acquises des qualités reçues au berceau, et comment pourrons-nous reconnaître, parmi tant de biens héréditaires, ce qu'elles doivent à elles-mêmes, si nous ne rapportons les idiomes classiques à un état plus ancien, et si nous ne les rapprochons, à défaut de la langue mère aujourd'hui perdue, de l'une des sœurs issues du même sein ? Les témoignages d'admiration n'ont jamais manqué au grec et au latin ; mais nos éloges seront à la fois plus précis et plus justes, si nous pouvons dire ce que ces langues étaient à leur origine, et ce qu'elles sont devenues, grâce aux progrès de la raison et au génie d'une race qui mêlait une audace inventive au respect de la tradition.

Essayons, en ce qui concerne le grec, de montrer quelques-uns des résultats que peut donner ce genre d'analyse.

La langue indo-européenne primitive, autant que nous en pouvons juger par le monument le plus ancien qui nous en est resté, c'est-à-dire par les Védas, n'est pas, comme on pourrait être tenté de le croire, une langue pauvre et grossière. Elle est, au contraire, une langue sonore, harmonieuse, d'une rare délicatesse dans ses procédés grammaticaux, abondamment pourvue en mots et en flexions de toute espèce. Mais on peut lui adresser le même reproche qu'aux œuvres de la statuaire antique ; d'une beauté de formes irréprochable, elle laisse à désirer pour l'expression. Le vocabulaire védique est riche ; mais, d'une part, il comprend beaucoup de mots synonymes, et les mêmes mots, d'un autre côté, sont susceptibles d'acceptions très-diverses ; c'est la confusion féconde d'une époque créatrice. La langue grecque n'a rien laissé périr de ces richesses ; mais, comme une sage ménagère, elle sépare ce qui est dissemblable, et destine à de nouveaux usages ce qui était surabondant. La même racine *bhâ*, dans les Védas, veut dire « briller » et « parler », car il semble que l'homme, au premier jour de son existence, confondait ses sensations et assimilait l'éclat

de la voix à celui de la lumière. Le grec distingue soi-
gneusement ces deux ordres d'idées, et fait un triage
parmi les dérivés de la racine *bhâ* : les uns, comme φάος,
« lumière », φαέθω, « briller », φαίνω, « paraître », φέγγος,
« éclat », se rapportent à l'idée de jour et de clarté ; les
autres, comme φημί, « je dis », φάσκω, « je parle », φωνή, « le
son », φθόγγος, « la voix », emportent spécialement l'idée
de bruit et de parole. En voyant une ligne de délimita-
tion si exacte séparer les dérivés d'une même racine, nous
constatons l'effort fait par l'esprit hellénique pour écar-
ter toute occasion d'erreur. Sans créer aucun mot nouveau, les Grecs enrichissent leur langue, car c'est accroître sa fortune que d'en éloigner les causes de désordre ;
et ce n'est pas au nombre, mais à la valeur, et, en
quelque sorte, au titre des mots, que s'estiment les ressources d'un idiome.

Le même fait s'est produit pour la grammaire : celle
des Védas a une singulière variété de formes, une quantité
vraiment étonnante de suffixes et de flexions. Mais ce mé-
canisme si compliqué ne répond pas à ce qu'on serait en
droit d'en attendre, et l'on ne voit pas toujours l'utilité de
ces rouages si nombreux et si bien agencés. Beaucoup de
suffixes védiques ne modifient pas d'une façon sensible le
thème auquel ils viennent se souder ; et il arrive souvent
que plusieurs formes grammaticales expriment la même
notion et peuvent se remplacer l'une l'autre. Il semble
que le langage, dans l'exubérance et l'insouciance de la
jeunesse, oublie de faire valoir les ressources qu'il s'est
créées, et qu'au lieu d'employer ce qu'il a produit, il tire
continuellement de lui-même de nouvelles richesses. La
Grèce, parmi cette profusion de formes, a fait un choix :
elle en garde une partie, rejette ce qui est de trop, ou
bien attache une valeur précise et distincte à ce qui faisait double emploi dans le principe. La grammaire comparée nous montre bien, par exemple, que les quatre dif-

férents temps qui expriment en grec le passé, à savoir, l'imparfait, l'aoriste, le parfait et le plus-que-parfait, existent dans la langue des Védas ; mais ils sont usités pêle-mêle l'un pour l'autre, et il est impossible d'apercevoir une nuance qui les sépare. Et, de fait, quand, par l'étymologie, on en analyse la composition, on ne voit pas d'où ils auraient pris des acceptions différentes. Le grec n'a pas laissé sans emploi ces divers moyens d'expression ; par des distinctions fines et justes, il sépare, dans l'usage, l'imparfait de l'aoriste et le parfait du plus-que-parfait ; attribuant à chacun une fonction à part, il change en *temps* véritables ce qui n'était, dans le principe, que des formations différentes. L'esprit grec, s'emparant des forces inactives du langage, en a varié les applications et doublé la puissance.

C'est surtout dans la syntaxe que nous pouvons surprendre les progrès que la Grèce a fait faire à la pensée humaine. La langue des Védas est énergique et concise, propre aux inversions, remplie d'images splendides et capable d'élans passionnés : c'est, en un mot, la langue de la poésie lyrique. Mais la syntaxe, c'est-à-dire cet ensemble de procédés qui permet d'unir et de subordonner les idées et les jugements, est, dans les Védas, des plus élémentaires. Comme dans le parler d'un enfant, les propositions se suivent, et ne s'enchaînent ni ne se pénètrent jamais. Le grec, aux qualités poétiques de l'idiome des Védas, joint des ressources nouvelles, qui montrent que la langue a été à l'école de la dialectique. Cet heureux mélange de synthèse et d'analyse, qui permet tantôt de concentrer plusieurs idées dans un mot et tantôt de les détailler et de les placer l'une à côté de l'autre ; ces conjonctions qui sont comme les articulations de la phrase ; ces divers modes de la conjugaison grecque, auxquels la langue, par une création qui lui est propre, a donné les plus riches développements ; ces propositions subordonnées qui disposent la pensée sur divers plans, suivant leur importance, et qui font d'une période de Platon comme un tableau qui a sa perspective et ses lointains; tout cet assemblage de qualités opposées, toutes ces ressources d'un art profond, quoique en grande partie instinctif, on les chercherait vainement en sanscrit, et on ne les trouverait au même degré dans aucun autre idiome de la famille indo-européenne. Il y a un mot charmant qui revient souvent dans Homère, et qui caractérise à merveille la langue grecque : ἔπεα πτερόεντα. Paroles ailées, en effet, langue admirable, le plus merveilleux instrument que l'esprit d'un peuple ait jamais façonné ! Mieux nous en aurons observé le développement, plus nous en connaîtrons l'histoire, plus nous aurons de motifs pour l'aimer. A l'admiration un peu confuse que nous devons à notre éducation classique, la grammaire comparée fait succéder une appréciation réfléchie, qui nous fait découvrir, dans les aptitudes particulières à la langue grecque, les propres traits distinctifs du génie hellénique.

J'ai insisté, un peu trop longuement sans doute, sur cet exemple qui nous montre combien la grammaire comparée touche de près à l'histoire littéraire. Mais elle a encore d'autres applications. Il y a une question, souvent débattue par la philosophie, qui tire de notre science des lumières inattendues : c'est la question de l'origine du langage.

Si l'invention du langage humain a paru souvent un problème inexplicable, ce ne sont pas tant les noms donnés aux objets qui ont embarrassé le philosophe, que ces syllabes additionnelles, ces suffixes, ces flexions, dépourvus en apparence de toute valeur propre, et dont le seul rôle semble être de modifier l'idée principale ou d'indiquer les relations que nos idées ont entre elles. On s'est demandé comment, aux premiers jours de son histoire, l'homme a pu inventer des exposants de rapports si bien combinés, et à l'aide de quel autre langage il en a fait comprendre l'usage à ses semblables. La grammaire comparée démontre que les désinences étaient, à l'origine, des racines ayant une existence individuelle : elle observe comment elles sont venues s'ajouter à d'autres racines, et elle parvient souvent à faire voir que ce qui est flexion dans une langue est resté préposition ou pronom dans une autre. Ces longues listes de désinences que nous apprenons au collége sous le nom de déclinaisons et de conjugaisons, ne sont pas pour la grammaire comparée une suite de signes algébriques s'adressant uniquement à la mémoire. Elle en pénètre la signification primitive : elle montre que la déclinaison se compose d'une série de pronoms ou de prépositions, exprimant des idées de localité, qui viennent s'ajouter tour à tour à une racine nominale; elle fait voir que la conjugaison consiste dans l'addition des pronoms personnels à une racine verbale, prise tantôt à l'état nu, et tantôt renforcée ou redoublée, ou augmentée d'une racine verbale auxiliaire. Devant ces faits, le problème se simplifie et s'éclaire. La grammaire comparée n'apporte pas une théorie nouvelle sur l'origine du langage : elle montre ce qu'une langue est à son origine. Ce n'est pas la première fois que l'observation persévérante dissipe les obscurités et arrive à une conclusion positive et naturelle, là où la raison, toujours trop prompte à abdiquer, était disposée à voir un mystère.

Il me resterait à vous parler des informations que la grammaire comparée a fournies à l'histoire. Mais vous connaissez ces belles découvertes de notre siècle : qui n'a entendu parler de ces antiques Aryas, dont la philologie, par des prodiges de pénétration, a retrouvé l'état social, les usages, les idées, les croyances, et dont l'histoire morale nous est aujourd'hui mieux connue que certaines époques de l'histoire romaine? La méthode comparative, appliquée à l'étude des langues, a renouvelé la carte ethnographique du globe. Elle a découvert des liens de parenté entre des peuples qui, comme les Grecs et les Perses, se traitaient l'un l'autre de barbare, et elle a constaté une diversité d'origine entre des nations qui, comme les Grecs et les Égyptiens, se croyaient étroitement unies. Elle a déchiffré des textes dont le sens était perdu depuis des siècles, reconquis sur le passé des époques qu'on pouvait croire vouées pour toujours à l'oubli, et reconnu dans la langue un témoin fidèle de temps disparus sans laisser ni annales, ni monuments. Les titres généalogiques d'une partie de l'humanité ont été retrouvés. La conformité des idiomes, pareille à ces antiques symboles que les Grecs emportaient en signe de parenté ou d'alliance, a fait reconnaître comme frères des peuples séparés les uns des autres par la distance, par les mœurs, par la religion et par la diversité de leur destinée. En même temps se sont expliquées certaines affinités profondes, certaines ressemblances d'aptitude et de génie, qui caractérisent les races aussi bien qu'elles distinguent les nations et les personnes, et qui empêchent de confondre le groupe indo-européen, considéré dans son ensemble, avec le groupe sémitique, et avec les autres fractions de la grande famille humaine.

Ce sont là les corollaires de notre science. Il n'est personne qui les ignore. Mais ce serait peu de prendre connaissance des résultats de la grammaire comparée, si nous n'étions en mesure de les contrôler, et si nous ne travaillions à les confirmer et à les accroître. Les théories de linguistique générale, les vues d'ensemble, les grands aperçus historiques, toutes ces considérations élevées que nous aimons en France, et avec raison, finiraient par s'épuiser ou par s'éloigner de la vérité, si nous dédaignions l'étude des faits du langage, et si nous ces-

sions de nous servir par nous-mêmes de l'instrument de
vérification et de contrôle, qui est en même temps l'instrument des découvertes, je veux dire l'observation.
C'est par le détail que les sciences vivent et se renouvel-
lent. Le jour où nous nous contenterions de recevoir de
seconde main la science toute faite, nos théories seraient
bientôt faussées par des expériences inexactes, ou, ce
qui ne vaut guère mieux; nous aurions des vues géné-
rales dont nous ne saurions prouver la solidité. Ce
doit être ici le laboratoire philologique, et je voudrais nous y voir travaillant ensemble, dans cet esprit
de recherche sévère, à la propagation et au progrès de
notre science. Ai-je besoin de dire que nous ne devons
nous laisser devancer par aucun peuple étranger dans
ces belles études? Nos traditions les plus récentes s'y
opposent. A côté du nom de Humboldt et de Grimm,
l'Europe savante place le nom immortel d'Eugène Bur-
nouf. C'est là, pour son pays, un engagement aussi bien
qu'un titre d'honneur. Nous nous devons à une science
que nous avons le droit de regarder en partie comme
française.

Paris. — Imprimerie de E. MARTINET, rue Mignon, 2.

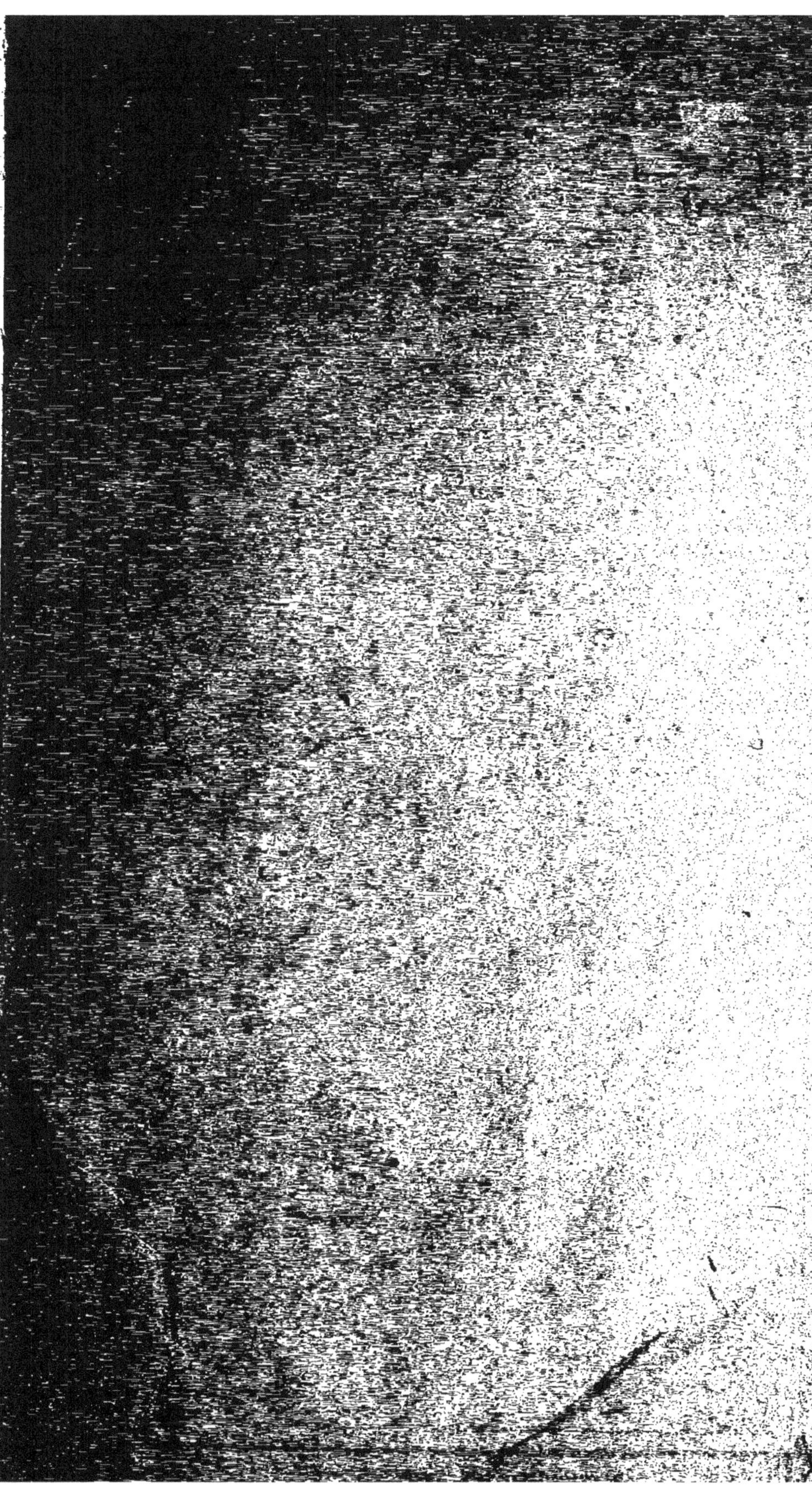

Extrait de la Revue des cours littéraires

www.ingramcontent.com/pod-product-compliance
Lightning Source LLC
Chambersburg PA
CBHW061750060726
47597CB00007B/2868